BEI GRIN MACHT SICH IHR WISSEN BEZAHLT

- Wir veröffentlichen Ihre Hausarbeit,
  Bachelor- und Masterarbeit

- Ihr eigenes eBook und Buch -
  weltweit in allen wichtigen Shops

- Verdienen Sie an jedem Verkauf

Jetzt bei www.GRIN.com hochladen und kostenlos publizieren

Welche Maßnahmen ergreifen IT-Dienstleister zum Schutz vor Cyberangriffen?

Kevin Giss

Bibliografische Information der Deutschen Nationalbibliothek:

Die Deutsche Nationalbibliothek verzeichnet diese Publikation in der Deutschen Nationalbibliografie; detaillierte bibliografische Daten sind im Internet über http://dnb.d-nb.de abrufbar.

ISBN: 9783346765369
Dieses Buch ist auch als E-Book erhältlich.

© GRIN Publishing GmbH
Nymphenburger Straße 86
80636 München

Alle Rechte vorbehalten

Druck und Bindung: Books on Demand GmbH, Norderstedt Germany
Gedruckt auf säurefreiem Papier aus verantwortungsvollen Quellen

Das vorliegende Werk wurde sorgfältig erarbeitet. Dennoch übernehmen Autoren und Verlag für die Richtigkeit von Angaben, Hinweisen, Links und Ratschlägen sowie eventuelle Druckfehler keine Haftung.

Das Buch bei GRIN: https://www.grin.com/document/1274506

Projektarbeit

Internationale Hochschule Duales Studium

Studiengang: Wirtschaftsinformatik

Welche Maßnahmen ergreifen IT-Dienstleister zum Schutz vor Cyberangriffen am Beispiel der be-solutions GmbH?

Kevin Giss

Abgabedatum: 20.01.2022

Inhaltsverzeichnis

I. Abbildungsverzeichnis

1. Einleitung

1.1 Problemstellung

Der Aschermittwoch des Jahres 2016 stellte für das Personal des Lukaskrankenhauses in Neuss einen folgenschweren Tag dar. An diesem Datum wurde die hochdigitalisierte Klinik von einem Hackerangriff getroffen. Um eine drohende Verschlüsselung der Patientendaten durch die Angreifer zu verhindern, entschied sich das Krankenhaus dafür, sämtliche IT-Systeme herunterzufahren und den Klinikbetreib offline weiterzuführen (Dahmen & Krämer, 2018, S.13). Der dadurch verursachte Schaden beträgt geschätzt knapp zwei Millionen Euro und das noch heute sind die Spätfolgen des Angriffs in der Klinik zu spüren (Doelfs, 2016).

Dieser Angriff stellt keinen Einzelfall dar. Schätzungen des Bundesamts für Sicherheit und Technologie zufolge, sind aktuell mehr als 800 Millionen Schadprogramme im Umlauf. Dies führt dazu, dass große Organisationen und Firmen immer wieder Opfer von Hackerangriffen werden (Emig & Nowicki, 2019, S.11). Eine Studie des deutschen Cyberabwehr-Unternehmens G DATA CyberDefense AG machte deutlich, dass, wie im unten dargestellten Diagramm zu sehen, die Anzahl neuer Schadprogrammtypen stetig steigt (G Data CyberDefense AG, 2017).

Aus diesem Grund müssen Unternehmen ständig für den Ernstfall vorbereitet sein und ein bedachtes Konzept entwickeln, wie vorzugehen ist, falls Schadsoftware in das interne System eingedrungen ist. Hierbei ist es keine Seltenheit, dass diese Aufgabe ausgegliedert wird auf externe IT-Dienstleister, die sich unter anderem darauf spezialisiert haben, solchen Angriffen zu trotzen.

Abb. 1: Anzahl neuer Schadprogrammtypen

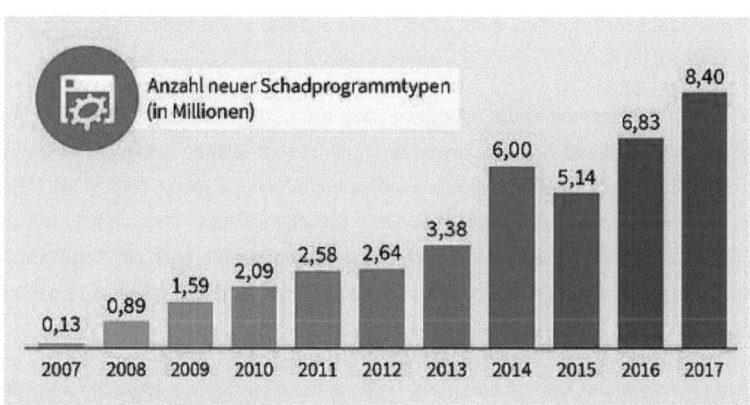

Quelle: G DATA CyberDefense AG, 2017.

1

1.2 Zielsetzung und Forschungsfrage

In dieser Arbeit soll nun erläutert werden, welche Maßnahmen von IT-Dienstleistern ergriffen werden müssen, um ihre Klienten vor solchen Cyberangriffen zu schützen. Insbesondere wird dies am Beispiel des IT-Dienstleisters be-solutions beschrieben und evaluiert. Der Aufbau der Arbeit gliedert sich wie folgt. Als Erstes wird eine Einführung in die Grundlegenden Begrifflichkeiten gegeben und die Arten von Cyberangriffen beleuchtet. Anschließend werden die Verteidigungsmaßnahmen und die Vorgehensweise der IT-Dienstleister im Falle eines Angriffs aufgeführt. Als Letztes wird das Prozedere nach einem Eindringen der Schadsoftware in die Infrastruktur erläutert und die nötigen Schritte zur Wiederherstellung des Nor-malbetriebs beschrieben.

2. Theoretische Fundierung

Experten sind sich einig: Die Welt wird zunehmend digitalisiert und vernetzt, was zu einem Grad an technologischer und organisatorischer Komplexität führt, der Regierungen und Unternehmen gleichermaßen vor immense Herausforderungen stellt. Dieses Phänomen hat große Innovationen und Chancen mit sich gebracht, aber es birgt auch Risiken, die immer schwieriger zu beherrschen sind (Christen, Herrmann, & Weber, 2020, S.12).

So wurden Cyber-Risiken bereits im Global Risks Report 2017 als eines der fünf größten Risiken neben Terroranschlägen, unfreiwilliger Migration, Naturkatastrophen und extremen Wetterereignissen eingestuft. Angesichts dieser veränderten Cyber-Bedrohungslandschaft ist es unerlässlich Privatpersonen und Unternehmen durch eine zuverlässige und effiziente Cybersicherheit zu schützten. Ohne einen robusten und strukturierten Ansatz zur Cybersicherheit werden Cyberkriminelle, Terroristen, Staaten und totalitäre Regime die zunehmende Digitalisierung weiterhin für ihre Ziele missbrauchen (Frey, 2018, S.2).

Das Bundesamt für Sicherheit in der Informationstechnik, kurz BSI, macht besonders darauf aufmerksam, wie die Anzahl an Schadprogrammen in den letzten Jahren gestiegen ist. So sind vor allem neue Varianten von Schadsoftware besonders bedrohlich, da hierzu noch keine Detektionsmethoden existieren. Laut BSI hat die Menge neuer Schadprogramme allein vom 1. Juni 2019 bis zum 31. Mai 2020 um 117,4 Millionen zugenommen. Dies bedeutet, dass pro Tag circa 322.000 neue Schadprogramm-Varianten dazu gekommen sind (Bundesamt für Sicherheit in der Informationstechnik, 2020, S.9).

Aus diesem Grund wurden Datenschutz- und IT-Sicherheitsfaktoren von Experten aufgestellt, die eine entscheidende Rolle bei der Prävention von Cyberangriffen spielen. Hierzu gehören beispielsweise die Nutzung von VPN-Verbindungen oder die Zentralisierung von Diensten auf Terminalservern. Unter einer VPN-Verbindung wird die Nutzung eines virtuellen privaten Netzwerkes gemeint, mithilfe dessen eine Möglichkeit besteht, sich von außen auf ein bestehendes, sicheres Netzwerk zu verbinden. Jedoch geben laut einer Studie der etventure GmbH 48 Prozent der Großunternehmen diese Sicherheitsanforderungen als blockierend an. Daraus lässt sich schließen, dass Kleinstunternehmen, kleine und mittlere Unternehmen, kurz KMU, noch größere Probleme damit haben, da ihnen meistens nicht die finanziellen und personellen Mittel eines Großunternehmens zur Verfügung stehen. (Leeser, 2019, S. 8)

Aus diesen genannten Gründen liegt der Anteil der Unternehmen, die mindestens einen Bereich der IT-Funktionen, wie beispielsweise die Cybersicherheit, aussourcen und von externen Dienstleistern bewerkstelligen lassen, inzwischen laut einem Forschungsbericht des kriminologischen Forschungsinstituts Niedersachen e.V. bei über 80 Prozent. Etwa 40 Prozent der befragten Unternehmen gaben an, dass sie die Abteilung IT-Security auslagern (Dreißigacker, Skarczinski, & Wollinger, 2021, S. 37). Wie in der unten aufgeführten Statistik aus einer Cyber-Security-Studie des Technologieberaters Steria Mummert Consulting hervorgeht, ist die häufigste Ursache hierfür das fehlende Knowhow der Unternehmen (Schmitz, 2014).

Abb. 2: Argumente für die Auslagerung der IT-Sicherheit nach Ländern

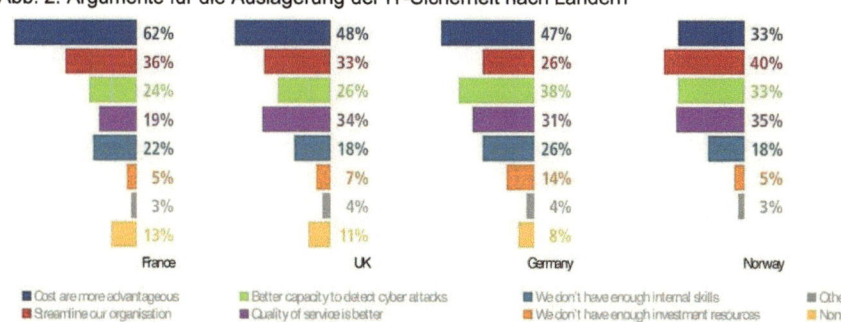

Quelle: Schmitz, 2014.

Wie der Bereich IT-Security von externen Dienstleistern gehandhabt wird und vor allem welche Maßnahmen zum Schutz der Unternehmen getätigt werden, soll im Verlauf dieser Arbeit aufgezeigt werden.

3. Methodik

Für die Bearbeitung der oben genannten Forschungsfrage, werden verschiedene Forschungsmethoden verwendet. Zuerst soll die Thematik differenziert und abgegrenzt werden. Dies hat eine genaue Unterteilung der Fragestellung zur Folge damit eine präzise Erarbeitung durchgeführt werden kann, bei der sich auf die relevanten Bereiche der Cybersicherheit konzentriert wird.

Danach wird die Problem- und Fragestellung manifestiert, sodass im Anschluss ein Überblick über den Aufbau und das Ziel der Arbeit geschaffen werden kann. Anschließend wird näher auf die Begriffe KMU, Cybersicherheit und Cyberangriff eingegangen, indem die Begriffe genauer eingegrenzt werden und allgemein der Bereich Cybersicherheit und -angriff beschrieben wird. Hierbei ist es wesentlich, jede Aussage mit fundierten Quellen, durch eine Literaturrecherche, zu untermauern, um den Sachverhalt nachvollziehbar darzulegen. Für die genannte Literaturrecherche wird sich hauptsächlich mit wissenschaftlichen Quellen aus der bayrischen Staatsbibliothek befasst, ergänzt von seriösen E-Books von verschiedenen Onlineplattformen, wie beispielsweise OPAC, oder passenden Internetseiten.

Folglich liegt der Fokus auf Maßnahmen gegen Cyberangriffe. Dafür wird als erstes eine passende Cyberstrategie beschrieben. Das Augenmerk liegt dabei auf den drei wichtigsten Phasen dieser liegt. Im Anschluss wird die genaue Herangehensweise der Phasen erklärt und analysiert.

Als letztes wird konkret die be-solutions GmbH vorgestellt, wobei zuerst kurz das Unternehmen an sich vorgestellt wird und danach die Maßnahmen zum Schutz der Kunden von be-solutions beleuchtet werden. Hier liegt der Fokus besonders auf der Vorgehensweise zur Prävention von Angriffen, Strategien bei bereits infizierten Unternehmen und den Maßnahmen, die während der Wiederherstellungsphase getätigt werden. Um hierbei einen besseren Einblick zu bekommen, wird dieser Punkt anhand eines Experteninterviews mit dem Geschäftsführer von be-solutions erarbeitet.

Zum Schluss der Arbeit soll ein Fazit die behandelte Fragestellung zusammenfassen und die Ergebnisse nochmals hervorheben.

4. Definitionen, Erläuterungen und Abgrenzungen

Bevor die eigentliche Bearbeitung der Forschungsfrage beginnen kann, müssen erst die Oberbegriffe im Rahmen ihrer Behandlung in dieser Arbeit näher definiert, erklärt und abgegrenzt werden.

Zuerst soll definiert werden, was KMU sind und was alles zu diesem Begriff dazugehört.

4.1 Definition und Abgrenzung des Begriffs KMU

Tatsächlich gibt es mehrere Definitionen der KMU, die sich alle in einigen wenigen Punkten voneinander unterscheiden. In dieser Arbeit wird sich auf die Begriffsbestimmung der EU-Kommission bezogen.

So werden Kleinstunternehmen, kleine und mittlere Unternehmen in der Empfehlung der EU-Kommission 2003/361/EG vom Mai 2003 definiert. Darin gibt es mehrere Aspekte, die gelten müssen, damit sich ein Unternehmen als KMU bezeichnen darf (EU-Kommission, 2003, S.1).

Das nachfolgende Schaubild zeigt übersichtlich welche Kriterien bei der Definition von KMU von Bedeutung sind.

Abb. 3: KMU-Definition der EU-Kommission

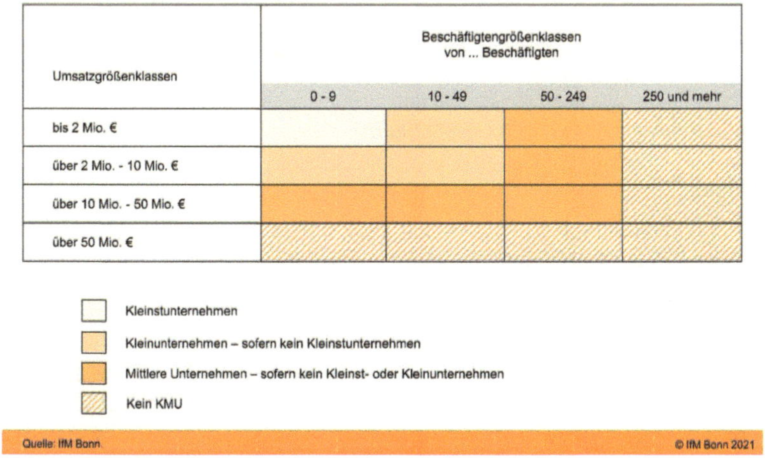

Quelle: IfM Bonn, 2021.

Wie diesem zu entnehmen ist, hängt die Definition vor allem von den Faktoren Beschäftigungsanzahl und Umsatz pro Jahr ab. Somit zählt ein Unternehmen laut der Kommission zu den KMU, solange es nicht mehr als 249 Beschäftigte hat und im Jahr höchstens 50 Millionen Euro Umsatz erwirtschaftet. Ein weiterer Aspekt wäre die Bilanzsumme. Hierbei werden Unternehmen mit einer Bilanzsumme von maximal 43 Millionen Euro pro Jahr als KMU gewertet (IfM Bonn, 2021).

4.2 Abgrenzung des Begriffs Cybersicherheit

Cybersicherheit ist ein weitreichender Begriff, der häufig aus dem Kontext heraus eine genauere Bedeutung gewinnt und keine feste oder allgemeingültige Definition besitzt. Cisco Systems, weltweiter Marktführer in den Bereichen IT und Netzwerk, hat Cybersicherheit folgendermaßen definiert und beschreibt den Begriff aus der Sicht vieler Experten ziemlich treffend. So wurde folgende Aussage im Bezug dazu formuliert: „Cybersicherheit ist der Schutz von Systemen, Netzwerken und Programmen vor digitalen Angriffen. Diese Cyberangriffe sind in der Regel auf den Zugriff, die Änderung oder die Zerstörung vertraulicher Informationen, das Erpressen von Geld oder das Stören der normalen Geschäftsabläufe ausgerichtet" (Cisco, 2021).

Damit versteht die Allgemeinheit Cybersicherheit als Gegenstück zu Cyberangriffen, welche im nächsten Kapitel noch näher erklärt werden. Wichtig ist hierbei allerdings noch, dass dieses Szenario im sogenannten Cyberraum, oder auch Cyberspace, stattfindet. Dieser Raum gilt als Verbindung verschiedener IT-Systeme beziehungsweise als globale Kommunikations-Infrastruktur und lässt sich deshalb vereinfacht mit dem Internet gleichsetzen (Rechel, 2021).

Cybersicherheit lässt sich jedoch nicht mit IT-Sicherheit gleichsetzen. Beides bezieht sich zwar generell auf einen ähnlichen Bereich, jedoch weitet sich Ersteres auf den gesamten Bereich des Internets und jeglicher Netzwerke, sprich dem Cyberraum, aus, was bei dem Ausdruck IT-Sicherheit nicht der Fall ist, da hierbei häufig nur die Infrastruktur einer einzelnen Umgebung oder eines Unternehmens betrachtet wird (Brockhaus, 2019).

4.3 Abgrenzung und Analyse des Begriffs Cyberangriff

"Im ersten Moment fühlt man sich, als hätte man die Kontrolle über die Firma verloren", dies meinte Ernst Homolka, dem Vorstand für Finanzen und Personal der Softing AG, nach einem Cyberangriff auf das Unternehmen (Kerkmann, Knitterscheidt, Nagel, & Verfürden, 2021, S. 47).

So wie Homolka geht es vielen, nachdem sie Opfer einer Cyberattacke waren, denn häufig werden dabei, meist gezielt, ein oder mehrere informationstechnische Systeme angegriffen, mit der Aufgabe den Betroffenen in irgendeiner Weise zu schaden. Dieser Angriff findet dabei, wie bereits in 4.2 erläutert, im Cyberraum statt (Myra, 2021).

Wie genau die Attacke abläuft, ist dabei sehr unterschiedlich und hängt vorwiegend stark vom Typ des Angriffs und der Motivation des Angreifers ab. Dabei lassen sich die Hintergründe der Tat meist in drei verschiedene Richtungen einteilen. Entweder die Akteure haben das Ziel finanziellen Nutzen daraus zu ziehen oder den Geschäftsbetrieb des Geschädigten zu unterbrechen. Es kann sich jedoch auch um einen Akt mit politischem Motiv oder terroristischen Beweggrund handeln. (Steffens, 2018, S. 6).

Um sein Ziel zu erreichen, stehen dem Angreifer hierbei viele verschiedene Werkzeuge und Methoden zur Verfügung. Diese können beispielsweise die Form von Malware, kurz für „malicious Software", annehmen. Da die Akteure jeden Tag neue Methoden entwickeln, werden hier nur die gängigsten der letzten Jahre aufgezählt und kurz beschrieben.

Die wohl bekannteste Vorgehensweise ist ein Virus. Hierbei handelt es sich um ein replizierendes Programm, das sich über einen Computer verbreitet und Daten mit schädlichem Code infiziert.

Trojaner haben die Charakteristik, dass sie sich als vertrauenswürdige Software tarnt und Benutzer diese dann auf ihren Computer hochladen, wo sie dann Schaden anrichten oder Daten sammeln können.

Eine weitere Methode stellt Spyware dar. Damit werden die Eingaben des Benutzers heimlich gespeichert, um diese dann an die Kriminellen weiterzuleiten. Hiermit können sensible Daten wie beispielsweise Kreditkartendaten oder Passwörter herausgefunden werden.

Ransomware ist eine Art von Malware, die erst seit einigen Jahren an Bedeutung gewann. Dabei handelt es sich um ein Programm, welches die Dateien und Daten eines Benutzers verschlüsselt, sodass sie nicht mehr zugänglich sind. Häufig wird dann Lösegeld gefordert, um die Daten wieder zu entschlüsseln.

Als letzte Methode soll noch das Phishing definiert werden. Hierbei erhalten die Benutzer E-Mails von den Angreifern, die von einem vertrauenswürdigen Unternehmen zu kommen scheinen und in denen sensible Informationen abgefragt werden. Dies führt dazu, dass die Kriminellen die Opfer dazu bringen, beispielsweise Kreditkartennummern oder Passwörter preiszugeben (Cisco, 2021) (Kaspersky, 2021).

Diese Auflistung zeigt zwar nur einen kleinen Ausschnitt der Möglichkeiten, die von Kriminellen genutzt werden, um ihre Ziele zu erreichen, soll aber deutlich machen, dass Angriffe auf vielen verschiedenen Ebenen stattfinden können und IT-Dienstleister somit Lösungen entwickeln müssen, die alle diese Ebenen abdecken.

Deshalb konzentriert sich der nächste Abschnitt der Arbeit mit möglichen Maßnahmen zum Schutz solcher Cyberangriffen.

5. Maßnahmen zum Schutz vor Cyberangriffen

Wie die bisherigen Ergebnisse dieser Arbeit zeigen, lautet die Frage jedes Unternehmens nicht, ob es Opfer eines Cyberangriffs wird, sondern eher wann es Opfer eines Cyberangriffs wird. Von daher ist es für jedes Unternehmen essenziell von Bedeutung, dass es sich Maßnahmen zum Schutz vor solchen Angriffen einrichtet und ein Konzept dafür überlegt, den Schaden möglichst gering zu halten, falls es doch von so einer Attacke getroffen werden sollte. Diese angestrebte Widerstandsfähigkeit gegen Cyberangriffe wird von Experten häufig auch als Cyber-Resilienz bezeichnet. Diese sollte eins der obersten Ziele der Unternehmen sein und wird von daher häufig von IT-Dienstleister übernommen, falls das Unternehmen selbst nicht das benötigte Wissen und die Mittel dazu besitzt (Brüggemann, 2019, S.27).

Eine Strategie gegen diesen Typ von Bedrohungen wird auch als Cyberstrategie bezeichnet. Diese sollte Teil der übergeordneten Unternehmensstrategie sein und mit den Unternehmenszielen übereinstimmen. Folgendes Schaubild zeigt einen Umsetzungsplan, mithilfe jenem es möglich ist ein derartiges planmäßiges Vorgehen zu entwickeln, sodass es vom Unternehmen auch erfolgreich angewendet werden kann (Frey, 2018, S. 219).

Abb. 4: Die vier Schritte zur Cyberstrategie-Entwicklung

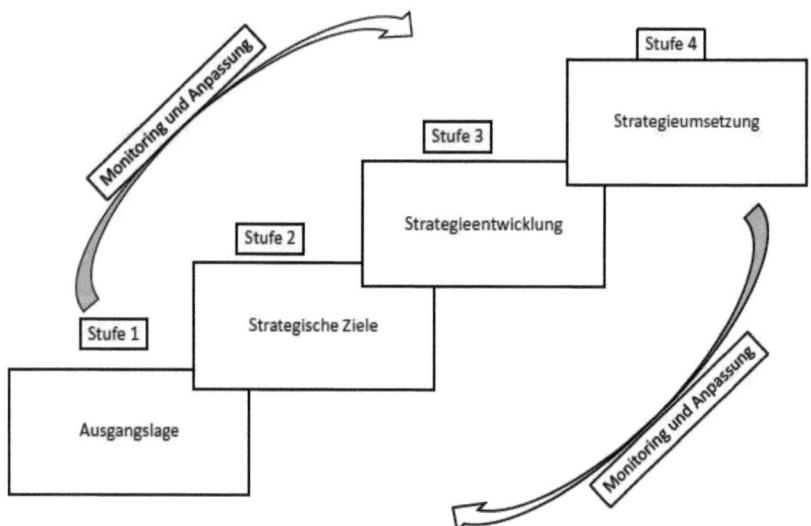

Quelle: Frey, 2018, S. 219.

Demnach ist der erste Schritt die Ausgangslage des Unternehmens zu erfassen und sich einen Überblick über die Arbeitsweise, die Struktur und dem Business Konzept zu verschaffen. Auf dieser Grundlage werden die strategischen Ziele der Firma aufgezeigt. Da eine Cyberstrategie auch zu möglichen Einschränkungen führen kann, ist es notwendig, dass die Firmenziele weiterhin verfolgt werden können. Besteht Klarheit über die ersten zwei Stufen kann sich danach in Stufe drei der Strategieentwicklung gewidmet werden. Hier ist die Planung von Schutzmechanismen entscheidend und die Benennung von Verantwortlichen, die die Cyberstrategie immer weiter betrachten und an neuen Konzepten arbeiten. Zuletzt erfolgt die Umsetzung der Strategie. Es ist entscheidend während der gesamten Strategiefindung und der anschließenden Umsetzung die grundlegenden Erkenntnisse immer wieder zu hinterfragen. Falls sich in einer Stufe Änderungen ergeben, so ist es notwendig auch die oberen Stufen noch einmal zu evaluieren. (Frey, 2018, S.220).

Allgemein liegt die Empfehlung der Experten dabei, mindestens einmal im Jahr einen potenziellen Hackerangriff zu simulieren, sodass die Unternehmen sicherstellen können, Ob die gewählte Cyberstrategie im Ernstfall tatsächlich einen größeren Schaden verhindern kann. Um einen neutraleren Blick zu ermöglichen, kann so ein simulierter Cyberangriff von einem externen IT-Dienstleister übernommen werden (Computerwoche, 2021, S.23).

Die Cyberstrategie an sich setzt sich aus drei generischen Phasen zusammen. Diese sind als zeitliche Unterteilung der Strategie zu sehen, die an unterschiedlichen Zeitpunkten greifen.

Die erste Phase umfasst die Prävention vor einem Angriff und enthält Tools und Methoden, die vor einer Cyberattacke schützen. Danach wird in Part zwei ausgeklügelt, wie das Unternehmen vorgeht, sobald es trotz Prävention zu einem Angriff kommt.

Abb. 5: Umfang der Cyberstrategie

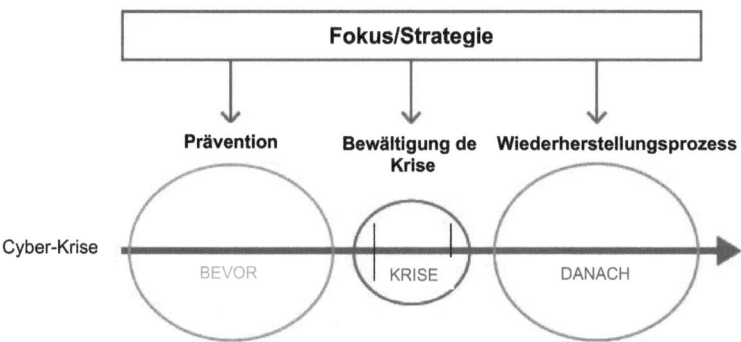

Quelle: In Anlehnung an: Cederberg, 2018, S. 91.

Als letztes geht es um den Prozess, der nach einem Angriff stattfindet. Dieser beinhaltet die Schritte zur Wiederherstellung der Systeme und den Umstieg zurück zum Normalbetrieb, falls dies möglich ist (Cederberg, 2018, S.90-91). Zur besseren Verständlichkeit wurde dieses Konzept in Abb. 5 nochmal grafisch dargestellt.

Im Folgenden werden diese drei Phasen nun näher beleuchtet und aufgezeigt, wie diese Umgesetzt werden können. Da es verschiedene Ansätze gibt, wie mit Cyberangriffen umgegangen werden kann, stellt dies eine mögliche Vorgehensweise von Vielen dar.

5.1 Schutzmaßnahmen in der Präventionsphase

Wie bereits aufgeführt, ist diese Phase dazu da, um einen Angriff auf das Unternehmen zu verhindern, beziehungsweise erst gar nicht zu ermöglichen. Als erste Maßnahme ist es entscheidend die Beschäftigten im Bereich Cyberawareness, sprich dem situationsbezogenen Bewusstsein, zu sensibilisieren. So kann die Aufmerksamkeit auf bestehende Gefahren gelenkt werden und es werden Gefahren bereits frühzeitig erkannt. Zusätzlich sollten hier Vorkehrungen zur Detektion einer Attacke getroffen werden, sodass diese frühzeitig erkannt und verhindert werden können.

Darüber hinaus sollten in dieser Phase außerdem noch organisatorische und technische Maßnahmen zur Verbesserung der Sicherheit, Bedrohungsanalysen und Lagebeurteilungen entwickelt und eingesetzt werden (Bartsch & Frey, 2017, S. 88).

Als technische Maßnahme stellt die Firewall ein grundlegendes Werkzeug zur Vermeidung von Angriffen dar. Dies ist eine Schutztechnologie, die den Datenverkehr analysiert. Darüber lässt sich jedes ankommende und abgesendete Datenpaket überprüfen, sodass sich einstellen lässt, welches Paket übergeben werden darf. Somit ist die Firewall die erste Schutzinstanz und wehrt bereits einen Teil der böshaften Datenpakete ab. (Luber & Schmitz, 2017).

Die Nutzung einer Antivirus-Lösung gehört auch zu den grundlegenden Schutzmaßnahmen aus der Präventionsphase. Hierbei werden Programme verwendet, die über verschiedene Scantechniken verfügen, sodass Schadsoftware gefunden und selbstständig entfernt werden kann. So lassen sich bereits im Vorfeld viele Angriffe mit beispielsweise Trojanern oder Ransomware verhindern. Zusätzlich besteht bei den meisten Lösungen die Option, dass eine Benachrichtigung an die IT-Verantwortlichen versendet wird, die Informationen über den Vorgang beinhaltet und so Hinweise auf mögliche Schwachstellen im Cyberraum liefert (Moes, 2021).

Um beispielsweise bei Ransomware-Attacken Abhilfe zu schaffen, sollten von Daten des Unternehmens in regelmäßigen Abständen und abgekoppelt vom Cyberraum Backups erstellt werden. Damit ist das Speichern dieser auf ein externes Speichermedium gemeint (Perekalin, 2017).

Über die Jahre wurden Cyberangriffe immer intelligenter und schaffen es, sich vor Schutzinstanzen zu tarnen, sodass diese allein schon lange nicht mehr ausreichen, um als Unternehmen cyber-resilient zu werden. Infolgedessen ist es wichtig, dass nicht nur technische Maßnahmen ergriffen werden, sondern auch das Bewusstsein der Beschäftigten dahingehend verändert wird, sodass Cyber-Resilienz bei jeder Tätigkeit präsent ist. Dies bezeichnen Experten als situational Awareness. Darunter zählt beispielsweise, dass die Hardware des Unternehmens inventarisiert wird, Passwortvorgaben eingeführt und Passwörter selbst regelmäßig geändert werden. Darüber hinaus ist es wichtig, dass die Mitarbeiter im Umgang mit Malware geschult werden, sodass direkt richtig gehandelt werden kann (Kandek, 2015).

Doch auch ein sensibles Bewusstsein hilft bei manchen Cyberangriffen nicht, sodass es wichtig ist auch auf den Fall eines Angriffs vorbereitet zu sein. Deshalb werden im nächsten Abschnitt wichtige Maßnahmen in der Reaktionsphase analysiert.

5.2 Maßnahmen in der Reaktionsphase

Eine hundertprozentige Sicherheit davor, sich vor einem Cyberangriff zu schützen, gibt es nicht. Aus diesem Grund ist es wichtig, dass Unternehmen Maßnahmen besitzen, die den Schaden minimieren und eine schnelle Vorfallbearbeitung ermöglichen. Hierzu zählen ein effektives, technisches Notfallmanagement, organisatorisches Krisenmanagement und eine effektive Krisenkommunikation und ferner die Umsetzung von Auflagen, wie beispielsweise die Meldepflicht an die Polizei (Bartsch & Frey, 2017, S. 88).

Falls klar ist, dass ein Gerät des Unternehmens im Cyberraum angegriffen wird, sollten zuallererst direkt die Protokolldateien gesichert werden. Diese Protokolldateien werden von Fachleuten auch als Logfiles bezeichnet und haben den Zweck, sämtliche Ereignisse und Vorgänge auf einem System zu protokollieren. Aus diesem Grund sind diese Dateien bei der IT-Forensik und auch bei der methodischen Datenanalyse essenziell wichtig, da so das Vorgehen des Angreifers aufgeklärt werden kann.

Als nächstes sollte die Krise zentralisiert werden, sodass alle Beteiligten kooperieren können. Ein, im Idealfall bereits zuvor, fest definiertes Krisenmanagement-Team sollte ab jetzt die weiteren Schritte gegen den Angriff bestimmen. Damit geht einher, dass die Kommunikationsfähigkeit für den Notfall sowohl technisch als auch organisatorisch sichergestellt ist. Technisch ist dies wichtig, da sich inzwischen die meisten Kommunikationskanäle der Firmen in der zentralen IT-Infrastruktur befinden und somit auch Opfer eines Angriffs sein können. Von daher muss sichergestellt werden, dass es dazu eine alternative Kommunikationsmöglichkeit gibt. Organisatorisch sollten alle Mitarbeiter über den Notfall informiert werden, um Panik oder Spekulationen zu vermeiden. Außerdem sollte stets der aktuelle Stand an die Geschäftsleitung mitgeteilt werden, sodass diese im Bedarfsfall schnell Entscheidungen treffen kann.

Danach gilt, dass das Team den Status quo analysieren sollte, um sich so ein Bild vom Ausmaß des Schadens zu verschaffen. Hierbei sollte überprüft werden, welche Systeme und welche Daten betroffen sind, welche Auswirkungen der Angriff auf den Geschäftsverkehr hat und ob eventuell ein Notfallbetrieb möglich ist.

Meistens können die betroffenen Systeme nicht mehr gerettet werden, sondern müssen direkt vom Rest des Cyberraums getrennt und abgeschaltet werden, um so eine Ausbreitung des Schadens zu minimieren (Computerwoche, 2021, S, 24).

Sobald alle betroffenen Systeme und Geräte aus der Infrastruktur genommen wurden und sichergestellt wurde, dass der Angriff überstanden wurde, sollte das Unternehmen nun wieder geschäfts-
tauglich gemacht werden.

5.3 Analyse der Wiederherstellungsmaßnahmen

In der Wiederherstellungsphase werden namensgebend Maßnahmen zur schnellen Bereinigung
und Wiederherstellung des Regelbetriebs getätigt. Hierbei müssen die letzten Angriffsversuche ab-
gewehrt und vermieden werden, damit kein weiterer Angriff stattfinden kann. Darunter zählen beispielsweise Kontinuitätsmanagement, organisatorische und technische Lessons learned, die nach-
haltige Weiterentwicklung der Sicherheitsarchitektur zur Vermeidung weiterer Angriffe, Weiterbil-
dung der IT-Forensik und die Anpassung oder Weiterentwicklung der Cyberstrategie, damit die neu-
esten Erkenntnisse einfließen können (Bartsch & Frey, 2017, S. 89).

Sobald das Krisenmanagement-Team sich sicher ist, dass der Angriff überstanden ist und alle infizierten Systeme heruntergefahren und getrennt vom Rest der Infrastruktur sind, kann nun damit
begonnen werden, die Systeme neu aufzusetzen. Dafür werden die Geräte neu installiert und die
jüngsten Backups eingespielt, sodass der Datenverlust minimal ist (Computerwoche, 2021, S 25).

Gleichzeitig sollten die Logdateien, die während des Angriffs erstellt wurden, von weiteren Fachleu-
ten im Zuge der IT-Forensik begutachtet werden. Hierbei lässt sich häufig erkennen, was genau die
Schwachstelle in der Infrastruktur war und wie die Angreifer es geschafft haben, die Systeme des
Unternehmens anzugreifen. Diese Schwachstellen sollten anschließend analysiert werden und eine
Lösung dafür gefunden werden, wie diese zu beheben sind. Dieser Schritt wird dann in der Cyber-
strategie beachtet, sodass ein gleicher Angriff nicht mehr vorkommt (Certified Security Operations
Center, 2021).

6. Die be-solutions GmbH

Als Nächstes wird das Praxisunternehmen, die be-solutions GmbH, näher betrachtet. Dabei wird als erstes geschildert was die be-solutions GmbH ist, welche Produkte sie anbietet und welche Ziel-gruppe sie hat. Danach folgt ein Experteninterview mit dem Geschäftsführer S. B., bei dem vor allem auf die oben erarbeiteten Ansätze eingegangen wird, um zu klären, ob diese auch bei be-solutions ersichtlich sind. Als letztes wird das Interview dann analysiert und interpretiert.

6.1 Allgemeines über be-solutions

Be-solutions wurde im Jahr 2000 gegründet und umfasst aktuell 31 Mitarbeiter. Anfangs noch Vertreiber von Soft- und Hardware, hat sich das Unternehmen inzwischen vor allem auf die IT-Dienstleistung spezialisiert.

Einen Einschnitt in der Geschichte von be-solutions gab es im Jahr 2006, denn hier wurde aus der GbR (kurz für Gesellschaft bürgerlichen Rechts) eine GmbH. Gewichtig für das Unternehmen war auch die Zertifizierung gemäß ISO 9001 und 27001 im Jahre 2015 und die TISAX Zertifizierung im Jahre 2021, was dazu führte, dass die be-solutions GmbH seitdem viele Erfolge und kontinuierliches Wachstum verzeich-net.

Wie oben schon erwähnt, änderte sich die Leistung des Unternehmens über die Jahre von anfangs noch reinem Vertrieb, zu hauptsächlich Dienstleistungsangeboten. Aktuell bietet es Lösungen aus den Bereichen IT-Service, Infrastruktur, Cloud-Computing und Telekommunikation an, ist aber im-mer auf der Suche nach neuen, innovativen Produkten und Konzepten, die die Produktivität und Sicherheit der Kunden und der Firma selbst steigern sollen.

Als Zielgruppe hat sich be-solutions vor allem auf kleine und mittelständische Unternehmen aus dem deutschsprachigen Raum spezialisiert. Dabei ist der GmbH wichtig, dass die Kunden nicht nur als diese bezeichnet werden, sondern dass der IT-Dienstleister eher als Partner für sie angesehen wird. Deshalb pflegt dieser seine Kundenbeziehungen besonders, was laut Kundenaussagen, ein großes Alleinstellungsmerkmal der be-solutions GmbH ist. Natürlich hat in diesem Zusammenhang auch, wie bei fast jedem Dienstleister, die Kundenzufriedenheit allerhöchste Priorität. Da das Unterneh-men sich selbst als Premium Dienstleister sieht und weiß, dass es viele Konkurrenten in der Branche gibt, die billiger sind, als sie selbst, glänzt es durch ihre hohe Transparenz, Flexibilität und Kunden-nähe. Gemessen an der Weiterempfehlungsquote, sieht man, dass das der richtige Weg ist und viele Kunden sehr zufrieden mit be-solutions sind.

6.2 Experteninterview mit dem Geschäftsführer S. B.

Die kommenden Aussagen und Feststellungen beziehen sich auf das Experteninterview mit dem Geschäftsführer der be-solutions GmbH, S. B. Das ganze Interview lässt sich im Anhang A nochmal nachschlagen.

Zum Anfang des Interviews, hebt B. hervor, dass sich die Cybersicherheitslage in den letzten Jahren immer weiter verschärft hat. So meint er, dass vor allem in den letzten zwei Jahren und zusammenhängend mit der Covid-Pandemie Cyberangriffe deutlich präsenter geworden sind, da inzwischen der Digitalisierungsansatz in den meisten Firmen angekommen ist und dies neue An-griffsfläche für Kriminelle bietet. Zudem führt er auf, dass die Bedeutsamkeit von Daten über die Jahre immer weiter zugenommen hat und diese für Hacker besonders attraktiv wurden, weshalb häufig versucht wird, mithilfe von Ransomware oder Phishing Zugriff auf jene zu bekommen.

Auf die Frage, wie sich Unternehmen davor schützen können, antwortet B., dass die Maßnah-men zur Prävention vor Angriffen aus zwei Bestandteilen bestehen. Auf der einen Seite sind dies die technischen Maßnahmen, wozu verschiedenste technische Lösungen, Richtlinien und Vorrich-tungen zur Detektion eines Angriffs gehören. Dieses Konzept vergleicht B. bildhaft mit einer Zwiebel, da hier mehrere Schichten aufgebaut werden, um so effektiv vor Angriffen schützen zu können. Dieses Konzept wird dann mit einer Risikoanalyse verknüpft und mit dessen Ergebnisse kontinuierlich weiterentwickelt. Auf der Seite nennt er die organisatorischen Maßnahmen, die für die Anwender bereitgestellt werden. Denn diese sind in seinen Augen die größte Schwachstelle für Un-ternehmen, da sich Hacker über sie den Zugriff auf Daten sichern können. Aus diesem Grund sind hier Schulungen und Trainings erforderlich, die den Anwendern das Bewusstsein schärfen und auf mögliche Risiken im Alltag hinweisen.

Falls es jedoch trotz Schutzmaßnahmen doch zu einer Cyberattacke kommen sollte, meint B., ist es von essenzieller Bedeutung, dass ein bedachtes Notfallkonzept vorliegt. So müssen die be-troffenen Systeme vom Rest der Infrastruktur getrennt werden, um so die Verbreitung des Schadens zu minimieren. Danach wird versucht, das System zu klonen, was später für die IT-Forensik und für weitere Beweissicherungsmaßnahmen von Bedeutung ist. Danach kommt es zur so genannten Di-saster Recovery, das bedeutet das die geklonten Systeme in einer sicheren Umgebung wieder hoch-gefahren werden, um hier die Protokolle zu prüfen, was die Schwachstelle war und wie es der An-greifer in das System geschafft hat. Gleichzeitig muss aber auch möglichst schnell wieder eine pro-duktive Umgebung für das Unternehmen geschaffen werden, so betont es B. Denn Forensik und weitere Analysen dauern in der Regel zu lange, um diese abwarten zu können. Von daher wer-den ausgewählte Systeme wieder hochgefahren, um so wieder wirtschaftlich arbeiten zu können. Wurden die Schwachstellen entdeckt und alle Sicherheitslücken behoben, kann die Infrastruktur wieder auf Normalbetrieb umgestellt und die Backups darauf eingespielt werden.

Als letztes gibt B. noch einen Ausblick in die Zukunft und wie sich, seiner Meinung nach, die Sicherheitslage weiter entwickeln wird. So meint er, dass sich das Bewusstsein der Arbeitgeber und -nehmer weiter zuspitzen sollte. Hierbei könnte es helfen, wenn Personen bereits im Kindesalter mit dem Thema Bewusstseinsschärfung in Kontakt gebracht werden.

6.3 Analyse der Aussagen

Zusammenfassend lässt sich sagen, dass viele Aussagen B. mit den erarbeiteten Ergebnissen dieser Arbeit übereinstimmen. So bestätigt er, dass es besonders wichtig ist, dass ein Unternehmen ein Cyberkonzept besitzt und dieses kontinuierlich weiterentwickelt. Nur so können sich Firmen vor Cyberangriffen schützen und im Falle eines Angriffs wieder produktiv gehen.

Außerdem bekräftigt er die Wichtigkeit von Backups, da sie meist der einzige Weg sind, um Infrastrukturen wieder betriebsfähig zu machen. Denn im Grunde lassen sich Geräte nur in sehr wenigen Fällen von Viren oder ähnlichem wieder bereinigen, sodass das Zurücksetzen und Herunterfahren der Systeme häufig die einzige Möglichkeit bleibt, um die Attacke zu überstehen und wieder wirtschaftliche arbeiten zu können.

Ein weiterer Punkt, der mehrmals im Interview ausgeführt wurde und somit seine Wichtigkeit unterstreicht, ist die Sensibilisierung des Bewusstseins der Anwender. Hier muss laut B. noch viel mehr geschehen, um das größte Sicherheitsrisiko der Unternehmen, nämlich die Anwender selbst, zu minimieren. Schulungen oder Awarenesstrainings sollten aus seiner Sicht viel präsenter in den Firmen sein und viel bewusster wahrgenommen werden. Denn die Anwender bleiben eines der attraktivsten Ziele für Hacker und Co., dadurch dass hier am meisten Daten fließen und sich die Angreifer hierüber am leichtesten Zugriff auf das Firmennetz verschaffen können.

Vorausschauend meint B., dass sich die Sicherheitslage in der Cyberwelt garantiert nicht bes-sern wird, sondern im Gegenteil, die Angreifer im smarter werden und sich immer wieder neue Möglichkeiten überlegen werden, wie sie ihre Ziele erreichen können. Von daher muss sich die Gesellschaft als Ganzes bewusstwerden, dass diese Bedrohungen bestehen, und sich im nächsten Schritt überlegen, wie sich dagegen vor gehen kann.

7. Schlussfolgerung und Fazit

Summa summarum lässt sich sagen, dass sich sowohl die Angreifer- als auch die Verteidigerseite kontinuierlich weiterentwickeln und ständig neue Maßnahmen entwickeln, um möglichst effektiv einen Vorteil gegenüber dem Kontrahenten zu haben. Jedoch zeigte die Entwicklung der letzten Jahre, dass die Erfolgsquote der Attacken steigt und die Verteidiger, also die Unternehmen und jede Privatperson, im Zugzwang sind. Denn in einer Welt, in der Daten die Form einer digitalen Währung einnehmen, kann sich keiner erlauben, dass sich Fremde Zugang zu diesen verschaffen.

Aus diesem Grund stehen wir als Gesellschaft in der Verantwortung, diejenigen zu unterstützen, die bisher noch nicht den Umgang mit diesem digitalen Gold kennen, denn nur so können wir als Gemeinheit sicher sein.

II. Literaturverzeichnis

Bartsch, M. & Frey, S. (2017). Cyberstrategien für Unternehmen und Behörden. Maßnahmen zur Erhöhung der Cyberresilienz. Wiesbaden: Springer-Vieweg Verlag.

Bundesamt für Sicherheit in der Informationstechnik (2020). *Die Lage der IT-Sicherheit in Deutschland 2020*. Abgerufen am 28.12.2021 von https://www.bsi.bund.de/SharedDocs/Downloads/DE/BSI/Publikationen/Lageberichte/Lagebericht2020.pdf?__blob=publicationFile&v=2.

Brüggermann, S. (2019). Fokus Cyber-Resilienz. Europäische Aufsichtsbehörden wollen mehr Harmonisierung und Konvergenz. *BaFin Journal, 19(04)*, S. 26-28.

Brockhaus, A. (2019). *IT-Sicherheit, Informationssicherheit und Cyber-Sicherheit: Wo liegen die Unterschiede?* Abgerufen am 27.12.2021 von https://www.is-its.org/it-security-blog/it-sicherheit-informationssicherheit-cyber-sicherheit-unterschiede.

Cederberg, A. (2018). Comprehensive Cyber Security Approach: The Finnish Model. In Bartsch, M. & Frey, S. (Hrsg.), *Cybersecurity Best Practices. Lösungen zur Erhöhung der Cyberresilienz für Unternehmen und Behörden* (S. 83-106). Wiesbaden: Springer-Vieweg Verlag.

Christen, M., Herrmann, D., & Karsten, W. (2020). Bedrohung, Verwundbarkeit, Werte und Schaden. Cyberattacken und Cybersicherheit als Thema der Technikfolgenabschätzung. *TATuP, 29(01)*, S. 11-15.

Cisco Systems (2021). *Was ist Cybersicherheit?* Abgerufen am 27.12.2021 von https://www.cisco.com/c/de_de/products/security/what-is-cybersecurity.html.

Computerwoche (2021). Ratgeber Cyberangriff: Wie Entscheider im Notfall reagieren. *Computerwoche, (44(11)*, S. 23-25.

Certified Security Operations Center (2021). *Fallbeispiele: Wie Hackerangriffe im Normalfall ablaufen.* Abgerufen am 29.12.2021 von https://www.csoc.de/fallbeispiele/.

Dahmen, U. & Krämer, N. (2018). Angriff aus der Dunkelheit: Cyberattacke auf das Lukaskrankenhaus Neuss. In Bartsch, M. & Frey, S. (Hrsg.), *Cybersecurity Best Practices. Lösungen zur Erhöhung der Cyberresilienz für Unternehmen und Behörden* (S. 13-21). Wiesbaden: Springer-Vieweg Verlag.

Doelfs, G. (2016). *900.000 Euro Gesamtschaden durch Cyberattacke.* Abgerufen am 28.12.2021 von https://www.kma-online.de/aktuelles/klinik-news/detail/900000-euro-gesamtschadendurch-cyberattacke-a-31629.

Dreißigacker, A., Skarczinski, B., & Wollinger, G. (2021). *Cyberangriffe gegen Unternehmen in Deutschland. Ergebnisse einer Folgebefragung 2020.* Hannover: Kriminologisches Forschungsinstitut Niedersachsen.

Emig, S. & Nowicki, J. (2019). Cyber-Angriff trifft Marc O'Polo. *Textilwirtschaft, 38(09),* S. 11.

EUR-Lex (2003). *Empfehlung der Kommission vom 6. Mai 2003 betreffend die Definition der Kleinstunternehmen sowie der kleinen und mittleren Unternehmen.* Abgerufen am 28.12.2021 von https://eur-lex.europa.eu/eli/reco/2003/361/oj.

Frey. S. (2018). How to Eliminate the Prevailing Ignocance and Complacency Around Cybersecurity. In Bartsch, M. & Frey, S. (Hrsg.), *Cybersecurity Best Practices. Lösungen zur Erhöhung der Cyberresilienz für Unternehmen und Behörden* (S. 1-10). Wiesbaden: Springer-Vieweg Verlag.

Frey. S. (2018). Was Unternehmen von Staaten lernen können: Cyberstrategieentwicklung. In Bartsch, M. & Frey, S. (Hrsg.), *Cybersecurity Best Practices. Lösungen zur Erhöhung der Cyberresilienz für Unternehmen und Behörden* (S. 211-228). Wiesbaden: Springer-Vieweg Verlag.

G DATA CyberDefense AG (2018). *Malware-Zahlen 2017.* Abgerufen am 26.12.2021 von https://www.gdata.de/blog/2018/03/30607-malware-zahlen-2017.

Hillebrand, A. et al. (2017). *Aktuelle Lage der IT-Sicherheit in KMU.* Bad Honnef: WIK Wissenschaftliches Institut für Infrastruktur und Kommunikationsdienste.

IfM Institut für Mittelstandsforschung (2021). *KMU-Definition der Europäischen Kommission.* Abgerufen am 27.12.2021 von https://www.ifm-bonn.org/definitionen/kmu-definition-der-eu-kommission.

Kandek, W. (2015). *Prävention gegen Hacker-Attacken.* Abgerufen am 29.12.2021 von https://www.tecchannel.de/a/cyber-hygiene-praevention-gegen-hacker-attacken,3284482.

Kaspersky (2021). *Was ist Cybersicherheit?* Abgerufen am 27.12.2021 von https://www.kaspersky.de/resource-center/definitions/what-is-cyber-security.

Kerkmann, C., Knitterscheidt, K, Nagel, L., & Verfürden, M. (2021). Angriff aus dem Dunkeln. Eine beispiellose Welle von Cyberattacken trifft derzeit deutsche Fabriken, Krankenhäuser und Behörden. Hackerbanden erpressen Millionenbeträge – die Ermittler können meist nur zuschauen. *Handelsblatt, 205(22), S. 46–50.*

Leeser, D. (2020). *Digitalisierung in KMU kompakt. Compliance und IT-Security.* Berlin: Springer-Vieweg Verlag.

Luber, S. & Schmitz, P. (2017). *Was ist eine Firewall?* Abgerufen am 29.12.2021 von https://www.security-insider.de/was-ist-eine-firewall-a-602870/.

Moes, T. (2021). *Was ist ein Antivirenprogramm? Definition, Erklärung & Typen.* Abgerufen am 29.12.2021 von https://softwarelab.org/de/was-ist-antivirensoftware/.

Myra (2021). *Was ist ein Cyberangriff?* Abgerufen am 28.12.2021 von https://www.myra-security.com/de/cyberangriff/.

Perekalin, A. (2017). *WannaCry: Sind Sie sicher? Was macht das sich selbst reproduzierende Verschlüsselungsprogramm WannaCry so gefährlich und wie man einer Infektion vorbeugt.* Abgerufen am 29.12.2021 von https://www.kaspersky.de/blog/wannacry-ransomware/10170/.

Rechel, V. (2021). *Cybersicherheit: Wo anfangen und wo aufhören?* Abgerufen am 27.12.2021 von https://www.informatik-aktuell.de/betrieb/sicherheit/cybersicherheit-wo-anfangen-und-wo-aufhoeren.html.

Schmitz, P. (2014). *Europäische Firmen wollen IT-Sicherheit auslagern. Outsourcing von IT-Sicherheit.* Abgerufen am 27.12.2021 von https://www.security-insider.de/outsourcing-von-it-sicherheit-a-445613/.

Skopik, F., Páhi, T., & Leitner, M. (Hrsg.) (2018). *Cyber Situational Awareness in Public-Private-Partnerships. Organisationsübergreifende Cyber-Sicherheitsvorfälle effektiv bewältigen.* Berlin: Springer-Vieweg Verlag.

Steffens, T. (2018). *Auf der Spur der Hacker – Wie man die Täter hinter der Computer-Spionage enttarnt.* Bonn: Springer-Vieweg Verlag.

III. Anhang

Anhang A: Experteninterview mit dem Geschäftsführer S. B.

KG = Kevin Giss, SB = Geschäftsführer

KG: Hallo S., freut mich, dass Du Zeit für mich gefunden hast, meine Fragen zu beantworten. SB: Hey Kevin, klar helfe ich Dir bei deiner Projektarbeit.

KG: Dann fangen wir gleich mal an. Ich befasse mich in meiner Arbeit mit der Forschungsfrage welche Maßnahmen IT-Dienstleister ergreifen, um ihre Kunden oder Unternehmen vor Cyberangriffen zu schützen. Dahingehend gleich die erste Frage: Wie schätzt Du denn aktuell die Cybersicherheitslage für Unternehmen ein?

SB: Also im Moment muss man sagen hat sich die Situation verschärft, das heißt gerade in den letzten zwölf bis 24 Monaten, nicht zuletzt im Zuge der Covid Pandemie, ist das ganze Thema noch deutlich angespannter geworden, ist deutlich präsenter geworden. Hängt auch damit zusammen, dass natürlich viele durch diese Pandemie ins Homeoffice mussten, teilweise wurden Arbeitsweisen umgestellt, oder es wurde Mitarbeitern erlaubt mit eigenen Geräten zu arbeiten und so weiter. Das heißt es haben sich eine Reihe von Angriffsvektoren entwickelt, die Möglichkeiten geboten haben. Und die Möglichkeiten für Hacker oder für Erpresser haben sich dadurch natürlich in der Breite dargestellt und zusätzlich natürlich auch die Gesamtsituation, dass in den letzten Jahren die Unternehmen durch die zunehmende Digitalisierung sehr abhängig von ihrer IT geworden sind. Und alles was abhängig macht ist wertvoll und Das wissen natürlich auch diejenigen, die möglicherweise dann diese Daten in irgendeiner Art und Weise sich zunutze machen möchten, sei es durch Ransomware-Verschlüsselung, oder sei es auch auf einer anderen Art und Weise. Cybersicherheit bedeutet ja auch nicht nur Erpressung und Trojaner, sondern bedeutet auch beispielsweise Wirtschaftskriminalität wie Spionage oder Industriespionage.

KG: Auf jeden Fall. Damit hast du dann auch gleich die zweite Frage vorweggenommen, aber jetzt einfach nochmal zur Zusammenfassung: Wie würdest Du denn sagen hat sich die Sicherheitslage im Vergleich zu den letzten fünf Jahren verändert?

SB: Also ich kann nochmal die wesentlichen Punkte sagen: Einerseits ist die Bedeutung von IT sukzessiv gestiegen in den letzten fünf Jahren und bei allem was an Bedeutung gewinnt ist auch die Gefahr, dass damit was passiert, größer. Daneben im Wesentlichen auch die Covidpandemie und die damit zusammenhängenden verschiedenen Angriffsvektoren, wie eben, dass teilweise unsichere Geräte Zugriff auf Firmennetze haben. Andererseits hat sich in den letzten Jahren eine Industrie entwickelt, die Baukastensysteme in Form von Ransomware-as-a-Service anbieten. Das heißt Hackergruppen verkaufen ihre Tools und bieten das dann anderen an. Denn eines muss man sagen: Daten sind das neue Gold, Daten hat jedes Unternehmen in irgendeiner Art und Weise, egal, ob lokal oder in der Cloud. Und das ist am Ende des Tages sowohl für staatliche Organisationen, die beispielsweise Industriespionage betreiben, als auch Ransom-Erpresser hochinteressant, weil man sich damit in eine wirtschaftlich bessere Situation bringen kann.

KG: Da gebe ich dir Recht. Dann sollten wir noch einmal klären, welche Größe denn der Durchschnittskunde von be-solutions hat.

SB: Tatsächlich ist die Anzahl an Mitarbeitern eines Kunden in unserem Fall eher überschaubar und meist deutlich unter hundert Mitarbeitern. Meistens eher im Bereich so zwischen 30 und 60 Mitarbeiter kann man sagen. Natürlich haben wir auch Kunden, die dreistellige Mitarbeiterzahlen zwischen 150 und 200 haben, aber der typische Kunde, den wir betreuen hat meistens zwischen 30 und 60 Mitarbeiter.

KG: In Ordnung. Dann zur nächsten Frage: Welche grundlegenden Maßnahmen beim Schutz vor Cyberangriffen sind denn, deiner Meinung nach, zu beachten?

SB: Wesentlich ist das Bewusstsein erstmal zu schärfen, dass man einem Risiko ausgesetzt ist. Das ist tatsächlich einer der wesentlichsten Aspekte und darauf kann man dann technische und organisatorische Maßnahmen aufbauen. Einerseits technische Vorkehrungen, technische Lösungen, technische Appliances und Policies. Alles Mögliche, was man technisch einsetzen kann. Im Prinzip baut sich das auf wie eine Zwiebel, das heißt, dass es nicht die eine Lösung gibt, sondern, dass geschaut werden muss, was denn was ist denn die passende Lösung für das Unternehmen ist. Hierzu gehört beispielsweise auch eine Risikoanalyse. Damit lässt sich erkennen wo Einfallstore für Angreifer und wo möglicherweise technische Schwachstellen sind. Das baut sich aus mehreren Schichten von verschiedenen technischen Maßnahmen zusammen und wird dann kontinuierlich weiterentwickelt und auf Schwachstellen geprüft. Das heißt es ist nicht so ein Thema, das sich mit einem Mal erledigt hat, sondern man muss dem Kunden verständlich zeigen, wo denn Risiken aus der technischen Sicht sein könnten, davon Lösungen ableiten und diese dann sinnvoll implementieren und fortlaufend nachjustieren, auf Wirksamkeit überprüfen und weiterentwickeln. Hierzu gehört auch die Entwicklung der Angreifer zu beobachten und dann auch gegebenenfalls Maßnahmen zu verändern oder zusätzliche Maßnahmen zu ergreifen. Das Ganze ist allerdings nur die eine Hälfte der Baustelle, die andere Hälfte der Baustelle befasst sich mit organisatorischen Maßnahmen, Schulungen oder Awarenesstrainings, also die Bewusstseinsschärfung. Gerade bei der Schwachstelle eines jeden Unternehmens und das ist nicht unbedingt die Technik, sondern meistens ist das größte Problem der Anwender, nicht weil er zu doof ist oder per.se unvorsichtig ist, sondern weil er am ehesten Ziel der Angreifer ist in einem Unternehmen, denn er hat Zugriff auf Daten, ohne die er seine tägliche Arbeit nicht machen könnte. Über diesen Kanal wird versucht den Mitarbeiter auszutricksen, Phishing ist hierbei ein spezifisches Fachwort, das immer wieder auftaucht. Das heißt, dass Informationen über den Mitarbeiter abgesaugt werden. Zugangswege in Erfahrung gebracht werden, Passwörter gespeichert werden, oder andere Wege gesucht werden, wie man als Angreifer ins Unternehmen eindringen kann. Das heißt hier ist es ganz wichtig den einzelnen Mitarbeiter, den einzelnen Anwender der Zugriff auf das System hat, auch fortlaufend zu schulen und klarzumachen, wie versucht wird ihn zu instrumentalisieren und Informationen über das Unternehmen zu erfahren. Klar, außerdem kommt noch die Kombination aus zwei Faktor-Authentifizierung, oder Multi-Faktor-

Authentifizierung dazu. Das heißt eine Mischung aus technischen und organisatorischen Maßnahmen kann schon viel helfen.

KG: Das stimmt. Nun die nächste Frage, wie agieren IT-Dienstleister, falls eine unentdeckte Sicherheitslücke gefunden wurde?

SB: Grundsätzlich ist natürlich wichtig, dass man überhaupt von dieser Schwachstelle mitbekommt. Das heißt man muss als IT-Dienstleister Wege gefunden haben, so eine Lücke rechtzeitig zu finden, sodass man dem Angreifer einen Schritt voraus. Sprich man braucht eine frühzeitige Information darüber. Wenn das Ganze dann bekannt geworden ist, dann geht es natürlich darum, die von uns betreuten Systeme, die wir im Blick haben müssen, dahingehend zu prüfen, ob diese Schwachstelle dort überhaupt auftritt. Das heißt zu schauen, ob das Risiko tatsächlich real ist. Hierzu werden dann Tools eingesetzt, beispielsweise Remote-Management Tools oder andere Skripte. Allerdings muss, je nach Sachverhalt, auch teilweise ein Kollege aus der Technik dies nochmal manuell verifizieren, um festzustellen, wo denn überhaupt die Infrastruktur getroffen wurde. Wenn wir erkennen, dass hier eine Infrastruktur betroffen ist, ist es insbesondere wichtig das Risiko zu beurteilen, das heißt, wie hoch ist die Wahrscheinlichkeit, dass die Lücke ausgenutzt werden kann. Teilweise gibt es Sicherheitslücken, die sehr einfach auszunutzen sind und dann gibt es deutlich komplexere Lücken, die viel mehr Aufwand für den Angreifer bedeuten. Tatsächlich ist aber wichtig, dass man hier einen kühlen Kopf behält und überlegt, wie hoch die Risikowahrscheinlichkeit, das Schadensausmaß und der Aufwand zum Schutz ist. Man muss erstmal abwägen, ob es notwendig ist die Infrastruktur vom Netz zu trennen und isoliert zu behandeln, oder kann man mit passenden Vorkehrungen die Lücke während des Betriebs wieder schließen. Hier gilt immer, Ruhe zu bewahren und auch abzuwägen, ob der Ausfall tatsächlich notwendig ist, da es hier ja auch um die Wirtschaftlichkeit des Unternehmens geht.

KG: Sehe ich auch so. Damit hast du auch schon die nächste Frage leicht angerissen. Aber nun nochmal, was würdest Du sagen sind die wichtigsten Schritte, falls ein Unternehmen nun Opfer einer Attacke ist?

SB: In dem Moment, in dem ein Angriff gerade stattfindet, kann man eigentlich in fast 100 Prozent der Fälle sagen, dass die Infrastruktur vom Netz getrennt werden muss, alle Systeme heruntergefahren werden müssen und man Beweissicherung betreibt. Indem Geräte heruntergefahren werden, können wir unter Umständen ein Eindringling aussperren, wir können ein Ransomware-Skript anhalten, wir können versuchen erstmal einen Freeze zu machen. Das heißt das System einzufrieren. Dann muss man genau analysieren, wie der Angriff stattgefunden hat. Dazu kommt dann die IT-Forensik und die Ermittlungsbehörden mit ins Spiel, mit dessen Hilfe dann Images gezogen werden von der Infrastruktur als Beweissicherungsmaßnahmen, dann werden Images als Klone in einer sicheren Umgebung hochgefahren, um zu gucken was passiert ist und wie man das Ganze gegebenenfalls anhalten oder zurückfahren kann. Ein weiterer wichtiger Punkt ist das Stichwort Backup und Disaster-Recovery-Konzept, denn es nun mal so, wenn die Produktivinfrastruktur verschlüsselt wird, ist in fast allen Fällen die Lösung nicht zu versuchen, das bestehende infizierte System zu bereinigen, denn das wird nicht funktionieren da man nicht ausschließen kann, dass man Komponentenreste übersieht. Das heißt, man muss unbedingt auf einen neuen Stand kommen und entweder alles neu installieren oder zu einem gesicherten Stand in der Vergangenheit zurückspringen, dann die Systeme hochfahren. Bevor sie produktiv gehen und bevor sie ans Netz gehen müssen, dann nochmal die Sicherheitslücken, über die eingedrungen wurde, erst mal abgesichert werden damit das gleiche Spiel nicht nochmal passiert. Erst danach können Backups wieder auf das System gespielt werden.

KG: Da hast du Recht, wie du meintest: Daten sind Gold. Da du schon aus das Thema Recovery eingegangen bist, nun folgende Frage: Wie gestaltet denn die Wiederherstellungsphase nach einem Angriff?

SB: Natürlich ist die konkrete Ausgestaltung von Fall zu Fall unterschiedlich, allerdings gibt es hier zwei Ziele zu erreichen: Zum einen müssen weitere Beweissicherungsmaßnahmen getätigt werden, allerdings können hierfür Geräte oder Teile der Infrastruktur für mehrere Wochen oder Monate ausfallen. Deshalb muss zum anderen auch dafür gesorgt werden, dass man das Unternehmen wieder produktiv gehen kann und in einem abgesicherten Bereich wieder virtuelle Systeme hochfahren kann, um so wieder wirtschaftlich arbeiten zu können. Hier muss immer abgewogen werden, wie viele Systeme noch im Notstand sind und welche wieder benutzt werden können, um hier dann die Backups heruntergeladen. Das richtige Notfallkonzept ist hierbei entscheidend, um hier die richtige Entscheidung fällen zu können.

KG: Sehr interessant, dann nun zur letzten Frage: Welche Veränderungen erwartest du in diesem Bereich in den nächsten Jahren?

SB: Also ich denke, dass unser Bewusstsein noch weitere Schritte gehen müssen. Die Bedrohungen werden sicher nicht weniger und Daten noch wertvoller als jetzt schon. Außerdem werden wir bei der Nutzung von Technologien umdenken müssen, sichere Technologien werden in Zukunft viel wichtiger sein als welche mit möglichst vielen Features, das wird sich ziemlich sicher zu einem „Security First" Ansatz entwickeln. Wenn selbst die NSA, eine der sichersten Organisationen der Welt gehackt wird, kann es wirklich jeden treffen. Von daher müssen wir uns weitere Sicherheitskonzepte überlegen, weiter die Anwender schulen, sodass auch hier mehr Sensibilisierung in dem Bereich entsteht. Allerdings ist das nicht nur die Aufgabe von uns IT-Dienstleistern, nein hier muss schon viel früher damit angefangen werden, vielleicht schon im Kindesalter, dass die Kinder mit den Begriffen Awareness und Cybersicherheit aufwachsen, sodass sie mal später in ihrem Beruf bereits fundierte Kenntnisse im Bezug auf Cybersecurity besitzen. Der Cyberraum bietet eben nicht nur Vorteile, sondern darin lauern auch tausende Feinde, die wir im ersten Moment allerdings nicht sehen.

BEI GRIN MACHT SICH IHR WISSEN BEZAHLT

- Wir veröffentlichen Ihre Hausarbeit,
  Bachelor- und Masterarbeit

- Ihr eigenes eBook und Buch -
  weltweit in allen wichtigen Shops

- Verdienen Sie an jedem Verkauf

Jetzt bei www.GRIN.com hochladen
und kostenlos publizieren